COVER,
DIE VERKAUFEN

DANIEL MORAWEK

COVER, DIE VERKAUFEN

Worauf es bei professioneller
Buchcover-Gestaltung ankommt

www.danielmorawek.de

Auflage 1 | Juli 2015

© Daniel Morawek 2015
www.danielmorawek.de

Herstellung und Verlag:
BoD – Books on Demand, Norderstedt
ISBN 9783738629965

Covergestaltung & Satz: Daniel Morawek
Bildquelle Titelbild: shutterstock.com /g-stockstudio

Alle Rechte vorbehalten.

INHALT

Ein Buch ist so viel Wert, wie sein Umschlag	06
Wozu braucht es eine ganze Werbeagentur für ein Buchcover?	08
Wer ist meine Zielgruppe und worauf springt sie an?	13
Ein Blinzeln lang Aufmerksamkeit	23
Fallbeispiel: Ein Sachbuchcover, das Wünsche offenbaren soll	29
Fallbeispiel: Ein belletristisches Buch, das mit Zwischentönen werben will	36
Drei Stunden Fotoshooting und die Bilder sind unscharf	39
Fallbeispiel: Zielgruppenanalyse und Fotobearbeitung	48
Schriften	56
Fallbeispiel: „Goldener Schnitt" und Helligkeit	61
Wiedererkennungswert: Das eigene CI entwickeln	68
Technische Umsetzung – welches Programm benötige ich?	72
Wer kann mir helfen? – den richtigen Grafiker finden	74
Über den Autor	78

VORWORT: Ein Buch ist so viel Wert, wie sein Umschlag

Haben Sie schon einmal ein Buch nur wegen seines ansprechenden Covers gekauft? Also ich auf jeden Fall. Gelegentlich habe ich mich später über den Inhalt geärgert.

Ich habe auch schon Bücher auf Grund ihres Covers nicht gekauft. Später wurde mir dasselbe Buch von mehreren Leuten empfohlen und ich habe mich überwunden einen Blick hineinzuwerfen. Und war positiv überrascht. Wie viele gute Bücher ich wohl niemals gekauft habe, weil mich die Gestaltung nicht ansprach?

Immer wieder höre ich gerade von angehenden Autoren, dass ein Cover nicht so wichtig sei. Auf den Inhalt des Buches komme es doch vor allem an. Man solle „ein Buch schließlich nicht nach seinem Einband beurteilen", wie es in einer Volksweisheit so schön heißt. Die Realität sieht allerdings anders aus: Täglich erscheinen hunderte neuer Titel auf dem Markt, werden unzählige neue eBooks bei Amazon hochgeladen – wie soll ein neuer Titel unter dieser Flut überhaupt bemerkt werden? Das ist doch für einen unbekannten Autor kaum möglich. Oder?

Seit ich Ende 2011 ins Selfpublishing-Geschäft eingestiegen bin, habe ich zahlreiche Cover für meine eigenen Bücher gestaltet, sowie gelegentlich für andere Autoren. Sie waren nicht alle großartig. Manche sahen schön aus, erzielten aber wenig Wirkung. Andere Cover hingegen verkauften sich vom ersten Tag an (zusammen mit den zugehörigen Büchern) außerordentlich gut und zogen innerhalb kürzester Zeit in die Amazon-Top100 ein.

Was ich in dieser Zeit gelernt habe: Es gibt Regeln für Cover, die sich verkaufen und den Büchern, die sie bewerben, mehr Aufmerksamkeit sichern. Diese Regeln gelten nicht nur für Romane in den Top-Unterhaltungsgenres. Sie gelten ebenso für Sachbücher, aber auch literarische Romane. Diese Regeln sind auch wichtig als technisches Know-How. Meiner Meinung nach sollte sich jeder Autor darüber Gedanken machen – selbst wenn er seine Cover nicht selbst gestalten will.

In diesem Buch trage ich einige Erkenntnisse zusammen, die ich für elementar halte, wenn wir wollen, dass unsere eigenen Bücher in den Auslagen von Webshops und Buchläden nicht übersehen werden. Dazu kommen zahlreiche Tipps aus meiner persönlichen Gestalter- und Autorenpraxis.

Daniel Morawek
Juli 2015

Wozu braucht es eine ganze Werbeagentur für ein Buchcover?

Wussten Sie, dass Großverlage für die Cover ihrer Top-Titel auch schon mal komplette externe Werbeagenturen engagieren, die sich mit einem gesamten Team an die Gestaltung eines Titels machen? Wozu der ganze Aufwand? Reicht es nicht, wenn ein ausgebildeter Grafikdesigner sich hinsetzt und etwas entwirft, was dann auch ganz sicher nach allen Regeln der Designkunst gestaltet ist? Klar, das Ergebnis würde sicherlich professionell aussehen. Für die Bücher, die keine Top-Titel im Verlag sind, wird es ja auch täglich so gemacht. Aber reicht allein ein professionell gestaltetes Cover, um Bücher zu verkaufen? Ich behaupte: nein. Ein professionell aussehendes Cover ist gut und weckt sicherlich auch ein gewisses Vertrauen in die Qualität des Inhalts, was schon einmal nicht schlecht ist – aber für eine Kaufentscheidung reicht dies noch nicht.

Ich stelle mal eine noch gewagtere Frage: Was verkaufen wir Autoren und Verlage eigentlich?
Geschichten. Klar.
Eine schöne Zeit. Hmhm.
Wissen. Manchmal.
Bücher … nein. Wir verkaufen den Lesern keine Bücher.

Wir verkaufen Emotionen.

Die Flut von unzähligen Büchern auf dem Markt habe ich bereits erwähnt. Warum sollten sich Leser für ein einzelnes Werk aus dieser unüberschaubaren Masse interessieren? Weil der Leser unbedingt ein paar Seiten Papier zwischen zwei Buchdeckeln im Schrank stehen haben will? Oder seinen eBook-Reader mit ein paar Kilobytes füllen will? Natürlich nicht. Der Leser will in entfernte Welten entführt werden, seinen Alltag vergessen. Er will lachen, träumen, sich gruseln. Oder der Leser hat ein Problem, für das er oder sie eine Lösung in einem Sachbuch sucht.

Ein erfolgreiches Buchcover – egal ob Sachbuch oder Roman – muss immer Emotionen beim Betrachter wecken, seine Träume, Wünsche und Ängste ansprechen. Wir haben einen Diät-Ratgeber geschrieben? Dann träumt unsere potentielle Leserschaft sicherlich von der Traumfigur. Es ist also nicht verkehrt einen Menschen mit einer guten Figur aufs Cover zu nehmen. Doch was steckt hinter dem Wunsch nach der Traumfigur? Der Wunsch nach Anerkennung? Danach ein glückliches Leben zu führen? Dann zeigen wir eine glückliche und ausgeglichene Person auf dem Cover – das ist der Wunsch, den unsere Leserschaft hat.

Und was ist der Grund, weshalb ein Leser einen Roman kauft? Will er einen Krimi lesen, dann will er vielleicht in Angst versetzt werden. Oder doch lieber einen lustiger Regio-Krimi? Dann muss das Cover natürlich anders aussehen. Bunt, schrill, urig ... denn der Leser will sich in eine bunte Urlaubslandschaft träumen und mal so richtig abschalten. Man sehe sich beispielsweise die Buchcover für eine Rita Falk oder einen Jörg Maurer an.

Wir verkaufen keine Bücher. Wir verkaufen Emotionen.

Wenn die Zielgruppe von einem Cover angesprochen wird, ist es zweitrangig, ob ein Cover professionell aussieht oder etwas dilettantisch. Vielleicht haben Sie auch schon mal ein Buch in den Amazon-Charts gesehen und sich gefragt, wie ein Titel mit grobpixeligen, selbstgemalten Blutspritzern auf dem Cover so häufig gekauft wird. Der Schlüssel ist einfach: Das Buch weckt bei genau der richtigen Zielgruppe, genau die richtigen emotionalen Impulse und Versprechungen.

Es ist allerdings auch so, dass sich die Qualität der Buchcover von Selbstverlegern in den letzten Jahren sehr stark verbessert hat. Allen Unkenrufen zum Trotz finden sich fast nur noch Cover in den Charts, die auch professionell wirken. Dementsprechend ist es im zweiten Schritt – nachdem wir unsere Zielgruppe verstanden und eine Idee entwickelt haben, wie wir sie erreichen – sehr wohl eine gute Idee, zu versuchen, die Umsetzung möglichst hochwertig zu gestalten. Denn: Natürlich ist es nicht unwichtig, ein professionelles Cover zu gestalten.

Ich kann es nicht oft genug wiederholen. Es ist die Kernaussage dieses Buches: Wir verkaufen keine Bücher. Wir verkaufen Emotionen.

BEISPIEL

Was sehen wir auf diesem Bild, dass das Cover für ein Ernährungsratgeber für Babys und Kleinkinder ziert?

© neuDENKEN media / Coverfoto: Ipatov / bigstockphoto.com

Ein fröhliches Kind, das gesund und glücklich ist, weil es gesund ernährt wird. Denn wer ist die Zielgruppe dieses Buches? Junge Eltern. Oft noch etwas unsicher, beim Versuch alles richtig zu machen. Lecker, locker, leichte Ernährung ist der Schlüssel, mit der sich eine Mutter ihren innigsten Wunsch erfüllen kann: Ein glückliches und gesundes Baby zu haben.

BEISPIEL

Hier ein Beispiel aus der Thriller-Ecke.

Coverfoto: momosu / photocase.com

Diese Lektüre wird sicher spannend: Ein Mörder geht um, im Dunst und im mysteriösen Gegenlicht.

Wer ist meine Zielgruppe und worauf springt sie an?

Der Begriff ist bereits mehrmals gefallen: Zielgruppe. Wenn ich ein Buch verkaufen will, muss ich wissen, wer meine Zielgruppe ist, um das Buch überhaupt so verpacken zu können, dass es von den potentiellen Lesern wahrgenommen werden kann.

Nicht selten hört man von jungen Autoren, bei der Frage, für wen denn das Buch geschrieben sei, die Antwort: „Eigentlich kann das jeder lesen!" Und ich verrate hier mal ein kleines Geheimnis. Auch ich dachte bei meinen ersten Werken, dass sie so großartig seien, dass jeder sie lesen müsste. Die beste Voraussetzung, um mit seiner Buchveröffentlichung auf die Schnauze zu fallen ;)

Wenn wir uns nach der passenden Zielgruppe für ein Buch fragen, geht es überhaupt nicht um die Frage der Qualität. Natürlich kann ich ein großartiges Buch geschrieben haben. Und trotzdem wird es immer Menschen geben, die es nicht lesen wollen. Ich, zum Beispiel, lese gerne Krimis, die an interessanten Orten auf der Welt spielen und spannende Einblicke über Land und Leute bieten. Aber: Es gibt auch einige Gegenden auf der Welt, die mich als Urlaubsziel weniger interessieren. Wenn ich im Buchladen ein Buch sehe, das in einer dieser Regionen spielt, schweift mein Blick sofort weiter und bleibt stattdessen beim neuen Montalbano-Krimi hängen, der in Sizilien spielt. Auch interessiere ich mich für historische Romane – aber nur, wenn sie in einer Epoche nach dem Mittelalter spielen.

Menschen haben eben unterschiedliche Interessen, dass ist einfach so. Und es ist auch nichts Schlimmes. Denn je enger wir unsere Zielgruppe festlegen können, desto leichter fällt es uns im Marketing zu überlegen, wie wir unser Buch präsentieren.

Unsere Zielgruppe sollen Liebhaber der französischen Küche und des französischen Landlebens sein? Na, dann sehen wir uns mal die Cover der Krimis von Martin Walker an: Weinreben, edle Tropfen, idyllische Landhäuser, ein Boot im Nebel und interessante Lichtstimmungen (es sind schließlich Krimis), etc.

Kennen wir unsere Zielgruppe, so macht es Sinn sich ähnliche Bücher anzusehen. Solche Titel, die wir später gerne bei der „Kunden kauften auch"-Funktion im Webshop sehen würden. Warum verkaufen sich diese Bücher gut? Wie wecken sie die richtige Stimmung, so dass der Leser unbedingt zuschlagen muss? Hier können wir uns inspirieren lassen. Schließlich sollte unser Cover später auf dem selben Niveau sein, wie erfolgreiche Werke aus dem selben Genre. Abkupfern sollten wir dabei natürlich nicht. Am Ende sollten wir immer die eigene Note einbringen – wir wollen schließlich auch wiedererkannt werden als Autoren (mehr dazu später).

Mir selbst hat es viel geholfen, mir mein eigenes Kaufverhalten anzusehen, um besser zu verstehen, weshalb Menschen ein Produkt kaufen. Es gibt Bücher, bei denen ich noch nie zuvor vom Autor gehört habe, aber die ich spontan unbedingt kaufen möchte will, wenn ich das Cover sehe. Vor allem, wenn mich dann auch noch der Buchtitel und der Klappentext ansprechen. Eine Analyse der Zielgruppe sollte also immer bei uns selbst beginnen. Oft schreiben wir automatisch Bücher, die wir selbst lesen. Dieses Phänomen erklärt auch, weshalb manche Autoren, die sich nie Gedanken um Marketing gemacht haben, über Nacht Erfolg hatten, ohne sich diesen selbst erklären zu können. In der Regel sind diese Autoren große Fans eines bestimmten Genres, in dem sie dann auch selbst schreiben, weil sie davon so begeistert sind. Instinktiv erfüllen sie alle Genreregeln beim Schreiben und sprechen auch beim Marketing die Fans richtig an, weil sie eben selbst Fans sind.

Manchmal schreiben wir aber auch gezielt für einen Markt, weil wir wissen, dass es in einem bestimmten Bereich Nachfrage gibt. Das ist nichts Verwerfliches, wenn wir genug Begeisterung für ein Genre aufbringen können, um uns über eine längere Zeit damit zu beschäftigen und wir die Fans des Genres ernst nehmen. Professionelles Schreiben ist vor allem eines – professionelles Schreiben. Wenn wir vom Schreiben leben wollen, müssen wir eben auch die Leser im Blick behalten und ihre Wünsche mit professionell geschriebenen Werken erfüllen.

Gerade im Sachbuchbereich ist es häufig der Fall, dass eine Buchidee erst dadurch entsteht, dass Nachfrage nach einem Thema entsteht. Dann müssen wir als Autoren gründlich recherchieren, was die Zielgruppe denkt und fühlt. Zum Beispiel in den Rezensionen zu ähnlichen Werken, in Leserforen, auf Blogs, in Facebook-Gruppen zum Thema oder ganz altmodisch – offline, mit Lesern ins Gespräch kommen.

Bei meinem letzten Besuch bei Zweitausendeins konnte ich übrigens selbst an einem Buch auf den Wühltischen nicht vorbeilaufen. Auf dem Cover ein verrauschtes Schwarzweiß-Foto vom Central Park in Manhattan. Nun könnte man meinen, dass Schwarzweiß-Fotos auf Covern ein No-Go wären, vor allem, wenn sie nicht in Hochglanz fotografiert sind. Aber auch Schwarzweiß hat seine Zielgruppe und das verrauschte Bild vermittelt den Eindruck, dass es sich um anspruchsvolle Literatur handelt (würde ebenso mit unscharfen Bildern funktionieren). Der Titel des Buches passte wunderbar dazu: „Manhattan Love Story". Außerdem komplettierte der Klappentext den Eindruck, dass es sich um eine leichtfüßige, witzige aber auch anspruchsvolle New-York-Beschreibung im Stile eines Woody Allen handeln musste. Ob dieses Versprechen eingelöst wurde, dass der Verlag hier wohlwissend gegeben hat, dass es in Deutschland eine große Fangemeinde des Großstadtneurotikers gibt, ist allerdings eine andere Frage.

Dieses Beispiel zeigt aber, dass auch für gehobene Literatur die passende Zielgruppe festgelegt und angesprochen werden muss. Eventuell denkt manch einer, dass anspruchsvolle Literatur sich nicht vermarkten muss und eine emotionale Verpackung nur vom Inhalt ablenken würde. Nun, der erfolgreichste Verlag für schöngeistige Literatur in Deutschland ist der Hanser Verlag. Und ein Blick in deren Verlagsprogramm zeigt, dass dort sehr wohl viel Gedanken in die Covergestaltung investiert werden. Man sehe sich beispielsweise das Cover von Patrick Modianos „Gräser der Nacht" an. Oder von „Im Café der verlorenen Jugend". An diesem Buch konnte meine Frau nicht vorbeilaufen, ohne es zu kaufen – und das noch bevor Modiano dank des Nobelpreises dem deutschen Publikum bekannt wurde.

Wenn das Cover fertig ist

Existieren ein oder mehrerer Entwürfe für ein Cover, teste ich sie jedes Mal zu erst bei Leuten, denen ich vertraue. Und zwar vertraue, dass sie das Cover richtig einordnen können. Ich glaube nicht, dass es sinnvoll ist, einen Entwurf wahllos Leuten vorzulegen. Was sollten Krimi-Leser dazu sagen, wenn sie das Cover für einen Liebesroman sehen?

Also ist es auch hier wichtig, die richtige Zielgruppe zu finden. Hier kommen einmal Leser in Frage, die sich mit dem Genre auskennen. Beispielsweise Fans auf der eigenen Facebook-Seite, die wir bereits vor der Buchveröffentlichung gesammelt haben. Zeige ich meinen Lesern ein Cover und binde sie so aktiv ein, schaffe ich zudem eine engere Bindung mit ihnen. Wir sollten uns hier natürlich auch nicht von den Meinungen verrückt machen lassen, wenn zehn Personen zwanzig verschiedene Vorschläge haben. Anderseits war es schon für viele Autoren eine große Überraschung, dass ausgerechnet ein bestimmter von drei Entwürfen – den man selbst eigentlich gar nicht so gut fand – gerade die größte Begeisterung bei Lesern hervorruft.

Eine zweite Gruppe von Menschen, denen ich Cover vorlege, sind Autoren, von denen ich weiß, dass sie sich mit dem Genre ebenfalls auskennen und die oft sogar sehr gute und detaillierte Verbesserungsvorschläge beisteuern.

Es ist immer wichtig sich externe Meinungen einzuholen, weil die eigene Wahrnehmung beim eigenen Buch-Baby oft doch sehr getrübt ist.

BEISPIEL

Hier ein Beispiel, wie differenziert die Arbeit bei der Zielgruppenbestimmung sein kann. Es reicht nicht aus, zu sagen, die Zielgruppe seien „Krimileser" oder „Leser von historischen Romanen". Diese Genres haben viele Untergenres, die ganz verschiedene Lesergruppen ansprechen können.

Vor einiger Zeit habe ich die überarbeitete Neuausgabe der Novelle „Karl Heinrich" herausgegeben, die die Grundlage für den „Studentenprinz von Heidelberg" bildet, der es in zahlreichen Bearbeitungen auf die Musical-Bühnen und sogar zu zahlreichen Hollywood-Verfilmungen gebracht hat. Doch wer ist die Zielgruppe? Das Buch spielt Ende des 19. Jahrhunderts, es ist also ein historischer Roman. Hauptfigur ist der Thronfolger Karl Heinrich, der zum Studium nach Heidelberg kommt, das immer noch der Zeit der Romantik nachtrauert. Wichtigster Handlungsstrang ist die nicht standesgemäße und tragische Beziehung des Fürsten zu einer Kellnerin. Also ganz einfach? Ein Roman für Leserinnen, die historische Liebesgeschichten lesen, die im 19. Jahrhundert spielen?

Hier gibt es zwei Covervarianten, die beide mit der Hilfe von xtme.de getestet wurden. Bei einem Cover hatte das Werbebanner bei XTME deutlich mehr Klicks. Dafür aber auch deutlich weniger Verkäufe, nachdem die Personen, die geklickt hatten im Shop gelandet waren und die Buchbeschreibung gelesen haben. Das andere Cover hatte weniger Klicks, doch deutlich mehr Verkäufe.

Welches der beiden, war wohl welches?:

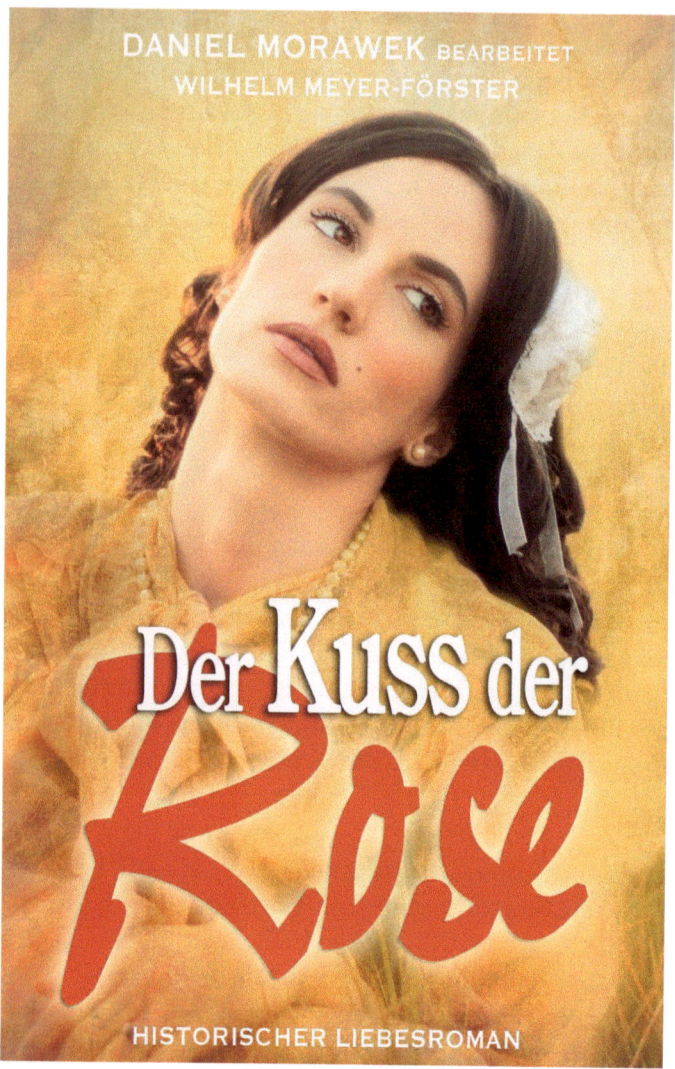

Coverfotos: shutterstock.com / Bojan Dzodan, shutterstock.com / Kompaniets Taras

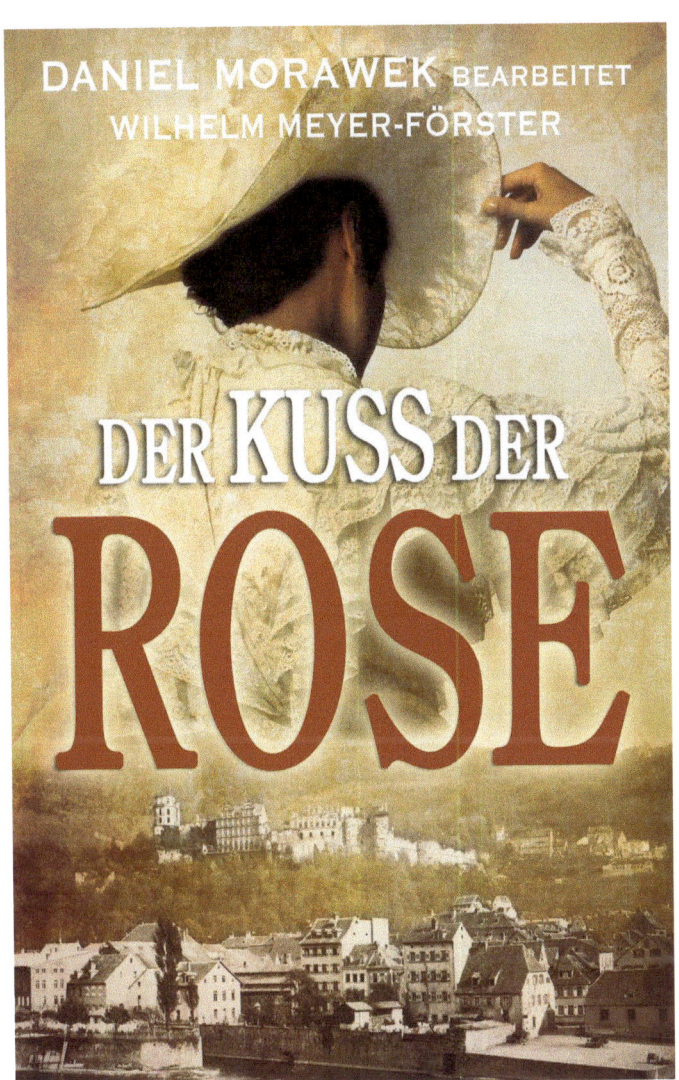
Coverfotos: shutterstock.com / Mayer George, shutterstock.com / Kompaniets Taras

Welches Cover spricht Sie mehr an? Diese Frage stelle ich gerne bei den Seminaren zur Covergestaltung, die ich halte. Die Mehrheit der Teilnehmer spricht sich jedes Mal für das erste aus. Natürlich, es ist bunt, hat knallige Farben. Im Mittelpunkt steht eine etwas traurig blickende schöne Frau, die in die Ferne sieht. Die Augen sind sehr präsent, was immer gut ist. Natürlich verspricht diese Figur auf dem Cover, eine starke weibliche Hauptfigur, mit der sich die Leserinnen identifizieren werden. Ein wichtiger (wenn auch unbewusster) Kaufgrund für viele Leserinnen! Das zweite Cover wirkt viel weniger frisch, altbacken. Die Frau auf dem Cover steht mit dem Rücken zum Betrachter. Eigentlich ein No-Go, wenn es darum geht Emotionen aufzubauen.

Doch „Der Kuss der Rose" (so der neue Titel) wird aus der Sicht von Karl Heinrich erzählt. Der Text wurde bearbeitet und vorsichtig erneuert – doch es ist immer noch ein Text, der im 19. Jahrhundert geschrieben wurde. Wer eine „moderne" historische Liebesgeschichte mit einer starken Protagonistin sucht, ist hier also falsch. Und das haben auch die Leserinnen bemerkt.

Das Buch spricht vielmehr Menschen an, Männer wie Frauen, die etwas nostalgisch veranlagt sind. Die sich dafür interessieren, wie es früher wirklich war. Und es gerne etwas weniger marktschreierisch haben. Deswegen verkauft das zweite Cover mehr Bücher.

Man hätte natürlich den Klappentext zum ersten Cover anpassen können. Doch es ist wichtig keine Leser mit der Werbung übers Ohr zu hauen. Schließlich wollen wir ihnen in der Zukunft noch weitere Bücher verkaufen.

Ein Blinzeln lang Aufmerksamkeit

Wie lange sieht sich ein Leser auf der Suche nach neuer Lektüre das Cover eines Buches an, bevor sein Blick zum nächsten Buch wandert? 30 Sekunden? Zehn Sekunden? Vielleicht eine Sekunde?

Ich behaupte, es ist sogar noch weniger als eine Sekunde.

Stellen wir uns einen Leser vor, der in den Buchladen geht und seinen Blick über die Auslagentische mit hundert Bücherstapeln schweifen lässt. Natürlich ist der Leser auf der Suche nach neuem Lesestoff. Aber 100 Bücher sind eine Menge Holz. Automatisch wird sein Blick an den Büchern vorbeigleiten und bei den Büchern haften bleiben, die seine Aufmerksamkeit am meisten wecken. An die anderen Buchcover wird er sich später nicht einmal mehr erinnern.

Oder die Leserin, die in einem Webshop nach neuen eBooks sucht. Moderne Shops wie Amazon bieten großartige Möglichkeiten, um Leser zum Kaufen zu verführen. Da sind die Bestseller-Listen (bei Amazon sogar für zahlreiche Untergenres), die Neuheiten-Liste, Aufsteiger des Tages-Listen … und natürlich die „Kunden kauften auch"-Empfehlungen, die auf jeder Produktseite angezeigt werden. Gerade das sind großartige „Verkaufsschaufenster", da im besten Fall Bücher angezeigt werden, die wirklich den Geschmack der Leser treffen. Es ist hier auch nicht ganz so unübersichtlich, wie auf den Top-100-Listen. Je nach Browsergröße werden der Leserin etwa sechs Bücher empfohlen. Mit winzig kleinen Vorschaubildern. Doch wie lange wird sie sich diese Vorschaubilder ansehen, wenn sie eigentlich ein anderes Buch kaufen wollte? Wie viele der Buchcover werden ihr bewusst auffallen? Ist überhaupt eines dabei, das so schnell die Emotionen weckt, dass sie es anklicken?

Die Aufmerksamkeitsspanne, die ein potentieller Leser unseren Büchern schenkt, der uns noch nicht kennt, ist genau ein Blinzeln lang.

Keep it simple

Priorität hat es für mich deshalb bei der Gestaltung, die Aussage eines Covers so einfach und eindeutig, wie möglich zu halten. Wir haben den Bruchteil einer Sekunde Zeit, um jemand davon zu überzeugen, dass ausgerechnet dieses eine Buch, seinem Geschmack entspricht. Weil er sofort sieht, um welches Genre es sich handelt und was der Ton der Geschichte ist. Und natürlich nicht vergessen: Emotionen müssen geweckt werden.

BEISPIEL

Schauen wir uns das an einem Fallbeispiel an. Für meine Frau, Ella Wünsche, habe ich ein Cover für ihr Debüt gestaltet. Zu diesem Zeitpunkt war das Pseudonym Ella Wünsche gänzlich unbekannt, es gab keine Fangemeinde, die auf das Buch gewartet hätte. Auch der Veröffentlichungstermin, Dezember 2013, war eher ungünstig, da kurz vor Weihnachten sehr viele Selfpublisher Bücher veröffentlicht haben, die noch am eBook-Weihnachtsgeschäft teilhaben wollten. Eigentlich keine Zeit, um in der Masse aufzufallen. Dennoch legte das Buch einen phänomenalen Start hin und landete nach wenigen Tagen am 26. Dezember auf Platz 2 der kindle-Charts.

Ich glaube, dass das Cover, zusammen mit einer cleveren Titelwahl großen Anteil an diesem Überraschungserfolg hatte. Natürlich ist es nicht das schönste Buchcover aller Zeiten. Aber es erfüllt einige Kriterien, um sofort wahrgenommen und verstanden zu werden. Wissen Sie, welche das sein könnten?

DAS LEBEN IST (K)EIN BRAUTSTRAUSS

ELLA WÜNSCHE

ROMAN

Covergrafik: shutterstock.com / Alexandra Gl

Ein Brautstrauß wird geworfen, vor rosafarbenem Hintergrund ausgestreckte Hände versuchen ihn zu fangen. Schon allein durch die Farbgebung wird klar: Es handelt sich um ein Buch für eine weibliche Zielgruppe. Wenn ein Brautstrauß gefangen werden soll, ist es ganz sicher ein Liebesroman. Das Bild ist gezeichnet, was tendenziell eher auf eine humorvolle als eine dramatische Umsetzung hindeutet. Bestätigt wird dieser Eindruck durch ein kleines Detail, was aber den Gesamteindruck abrundet: Neben den Händen versucht jemand mit einem Schmetterlingsnetz an den Strauß zu gelangen. Das kommt im echten Leben eher selten vor, ist also ganz klar eine humorvolle Überzeichnung.

Wir brauchen nur einen Augenblick, um zu sehen, dass es sich ganz sicher um einen humorvollen Liebesroman handelt. Wenn wir zur passenden Zielgruppe gehören, werden wir einen zweiten Blick wagen und den Titel des Buches lesen und schließlich die Buchbeschreibung – und danach hoffentlich so überzeugt sein, dass wir das Buch unbedingt lesen wollen.

Bei der Suche nach einer Grafik habe ich übrigens zunächst bei den gängigen Bildagenturen nach dem Begriff „Brautstrauß" gesucht. Shutterstock zeigt hier gleich 105.000 Suchergebnisse an. Doch an den Fotos war ich eigentlich wenig interessiert. Bei den gezeichneten Grafiken bin ich schnell auf Varianten von Händen gestoßen, die versuchen einen Brautstrauß zu fangen. Das erschien mir sinnvoll. Aber irgendwie hatte noch etwas gefehlt. Das kleine Detail mit dem Netz macht das Cover noch runder und unverwechselbarer.

Was den Buchtitel betrifft, so habe ich versucht, den Schriftgrad möglichst groß zu gestalten. Wenn ein Buch bei Amazon unter „Kunden kauften auch" angezeigt wird, ist das Vorschaubild winzig klein. Doch wenigstens der Buchtitel sollte lesbar sein. Da der Titel in diesem Fall recht lang ist, nimmt er letztendlich zwei Drittel des Covers ein. Recht klein habe ich hingegen den Namen der Autorin gestaltet. Wie gesagt kannte zu dem Zeitpunkt der Veröffentlichung niemand Ella Wünsche. Es war also klar, dass niemand aufgrund des Autorennamens das eBook kaufen würde. Der Titel hingegen bietet sehr viel mehr Kaufanreiz.

Ein weiteres Beispiel aus dem selben Genre ist übrigens das Buch „Nicht von dieser Welt". In seinem Blog beschreibt Autor Michael Meisheit, wie er mit dieser ersten Neuerscheinung unter dem Pseudonym Vanessa Mansini mit dem eBook innerhalb von zehn Tagen auf Platz 1 bei Amazon gelandet ist:
michaelmeisheit.de/2013/06/20/bestseller-nach-plan/

Das ebenso schlichte, wie eingängige und eindeutige Cover stammt von Henk Wyniger. Ein großartiges Detail ist der Schatten des Mannes, der in Form eines Aliens dargestellt ist (in dem Buch geht es um eine Frau, die ihren Traummann kennenlernt, der aber behauptet ein Außerirdischer zu sein) – ein großartiges Alleinstellungsmerkmal.

Fallbeispiel:
Ein Sachbuchcover, das Wünsche offenbaren soll

Hier ein Beispiel eines Sachbuchcovers, das ich vor Kurzem für Tom Oberbichler vom be wonderful!-Verlag gestaltet habe. Obwohl es kein Roman ist, schaffte das eBook kurz nach dem Verkaufsstart den Sprung in den kindle-Charts bis auf Platz 59.

Ich habe ja nur als Designer ausgeholfen und brauchte hier auch nicht wirklich viel machen. Die Grundidee, das Foto von Autorin Mara Stix für das Cover zu verwenden, wurde vom Verleger so an mich herangetragen. Und ich hatte nichts dagegen einzuwenden, als ich das Bild sah.

Worum geht es in dem Buch? Der Untertitel sagt es eigentlich schon sehr gut: Mara gibt Tipps, wie man im Internet Geld verdienen kann mit Fokus auf eine weibliche Zielgruppe. Und warum hat mich das Foto der Autorin mit Kaffeetasse auf der Couch sofort überzeugt?

Wie immer fängt es mit der Frage an, was unsere Zielgruppe eigentlich will. Wollen die Leserinnen eventuell viel Geld verdienen, um dann wie Dagobert Duck in einer Badewanne voller Taler baden zu können? Das würde erklären, warum auf vielen Büchern, in denen es um Geld verdienen geht, auf dem Cover Geldscheine abgedruckt sind.

Aber nein. Das ist nicht wirklich die Sehnsucht der Leserinnen. Wenn jemand Geld verdienen will, ist das nur ein Mittel zum Zweck. Der Traum ist, dass man endlich mehr Freiheit hat im Leben, endlich das machen kann, was einem Spaß macht, sich verwirklichen kann, aufstehen kann, wann man will …

Und diesen Traum hat Mara sich erfüllt und zeigt ihn als Testimonial auf dem Cover. Einer der größten Bestseller zum Thema Geld verdienen im Internet ist „Die 4-Stunden-Woche" von Timothy Ferris. Und was sieht man auf dem (recht simpel gestalteten) Cover? Zwei Palmen zwischen denen eine Hängematte gespannt ist, auf der sich der Autor im Sonnenuntergang lümmelt.

Die Umsetzung

Werden wir etwas praktischer. Ich musste nicht viel am Cover machen, aber ganz so sah das Foto zu Beginn dann doch nicht aus. Zunächst einmal war das Bild im Querformat mit viel leerem Raum auf der linken Seite. Es ist wohl nicht gezielt als Titelbild für ein Buchcover produziert worden, sonst hätte man es gleich im Hochformat aufnehmen können. Auch endete das Foto am oberen Rand knapp über der Stelle, wo nun das Wort „Leben" steht.

Wenn wir Fotos für Buchcover nutzen ist es in der Regel wichtig, dass es auf den Bildern möglichst große freie, einfarbige Flächen gibt. Wozu wir die brauchen? Damit wir irgendwo unsere Titel und Untertitel reinschreiben können.

Bei diesem Foto gibt es viel Platz neben der Autorin. Ideal für den Untertitel, den ich übrigens ganz gezielt recht klein gehalten habe. Es ist wichtig, dass sich Titel und Untertitel deutlich von der Größe voneinander absetzen.

Nach oben hin gab es auf dem Foto etwas zu wenig Platz für den Titel und unten viel zu wenig Raum für den Namen der Autorin.

Das Originalfoto.

© Doris Fastenmeier, midnightsun.at

Eine Lösung wäre gewesen, oben und unten einen farbigen Balken anzulegen und das Foto in die Mitte zunehmen. Ich sehe das sehr häufig bei selbstgestalteten Buchcovern. Aber meiner Meinung nach wirkt es sehr viel amateurhafter, als wenn wir es schaffen den Text in einfarbige Flächen in unserem Foto zu platzieren. Jedenfalls ist es nicht sonderlich modern. Wir sollten schließlich immer auch im Blick behalten, wie die großen Verlage in solchen Situationen vorgehen würden.

So lieber nicht. Man weiß auch gar nicht so recht, wohin man zuerst blicken soll, der Blick wird durch die Streifen unterbrochen, anstatt gelenkt zu werden.

Wie kommen wir also zu mehr weißgrauer Fläche am oberen und unteren Bildrand? Unten war es sehr einfach. Der Couchstoff am unteren Bildrand ist ja bereits beinahe komplett einfarbig. Ich habe also in Photoshop eine Hintergrundebene angelegt, die Farbe am unteren Bildrand hineinkopiert und die Übergänge zwischen beiden Bildebenen leicht geglättet. Und zwar indem ich die untere Kante des Fotos mit dem Radiergummi-Werkzeug etwas nachgebessert habe.

Am oberen Bildrand habe ich mit der Kopierstempelfunktion die Falten des Vorhangs kopiert und weiter nach oben gezogen. Mit etwas Übung ist das eine Sache von zwei bis drei Minuten und schon haben wir das Foto so, wie wir es benötigen.

Fallbeispiel:
Ein belletristisches Buch, das mit Zwischentönen werben will

Wir haben einen Roman geschrieben, der Tiefgang hat und mit Zwischentönen arbeitet? Wir wollen nicht marktschreierisch daherkommen, keine platten Werbebotschaften herausposaunen, dem Leser Platz für eigene Interpretationen lassen ... Na ja. Sehen wir uns dieses Cover einmal an:

Wir können nur mutmaßen, worum es in dem Roman „Das Rauschen, mein Schmerz" gehen könnte, das Buch wurde nämlich nie geschrieben. Das Cover ist als Requisite für den Kinofilm „Mannheim" entstanden und taucht in einer Szene auf, in der in einem Café über Literatur gesprochen wird. Es gibt aber doch ein paar Anhaltspunkte, wovon der Roman handeln könnte. Ein „Rauschen" wird erwähnt, „Schmerz", wir sehen typische Nordseestrandkörbe und dramatische Wolken. Das Requisiten-Buch hat auf der Rückseite sogar einen Klappentext, in dem von einem wilden Road-Trip an die Nordsee berichtet wird, von zwei verzweifelten Seelen, von endlosen Stränden, einem Sturm, nach dem nichts mehr ist, wie es war.

Das Buch handelt also von Menschen, die in einer Notsituationen an der rauen See landen. Dort werden ihnen an den endlosen Stränden neue Horizonte eröffnet, vielleicht ein neuer Blick auf ihr Leben geschenkt.

Wir könnten leidende Menschen auf dem Cover abbilden. Aber ich glaube, dass die Strandkörbe und der ausdrucksstarke Himmel in der Lage sind Emotionen beim Betrachter zu wecken. Vor allem dann, wenn er sich für die Nordsee begeistern kann. An den Farben des Fotos habe ich noch etwas gespielt, das Blau etwas intensiviert, so dass die Farben gleich ins Auge springen.

Der Titel steht leicht schräg – es ist eben kein Mainstream, den wir hier zu lesen bekommen. Auch wurde extra eine Schriftart gewählt, die unaufdringlich schmal ist und recht modern aussieht. Die Körbe sind unten nur angeschnitten zu sehen, obwohl auf dem ursprünglichen Foto mehr davon zu sehen war. So zeigen wir, dass wir den Blick nicht auf ein Detail hinzwingen und lassen genug Raum zum Atmen nach oben hin.

Alles das deutet auf eine junge Erzählstimme hin, die uns mit Tiefgang neue Horizonte erschließen wird.

Literatur, über die man im Café diskutieren kann. © Van Scoter Film 2015

Interessante Beispielcover aus dem Bereich Belletristik:
Bodo Kirchhoff „Die Liebe in groben Zügen" / Dragan Velikic „Bonavia" / Patrick Modiano „Im Café der verlorenen Jugend", „Gräser der Nacht" / Benjamin Markovits „Manhattan Love Story" / Orhan Pamuk „Das Museum der Unschuld", „Istanbul" / Clemens Meyer „Als wir träumten" / J. R. Moehringer „Tender Bar"

Drei Stunden Fotoshooting und die Bilder sind unscharf

In den beiden letzten Beispielen haben wir selbstproduzierte Coverfotos gesehen. Doch lohnt es sich wirklich Fotos für ein Cover selbst herzustellen? Es gibt heutzutage viele Bilddatenbanken, in denen man sehr professionelle Bilder zu günstigen Preisen erwerben kann, z.B. shutterstock.com, fotolia.de und istockphoto.com. Bei photocase.de gibt es etwas „künstlerischere" Motive, aber wenig Auswahl. Die Agenturen haben teilweise Millionen von Fotos im Programm, die Kosten bewegen sich selbstverständlich deutlich unter denen einer professionellen Fotoproduktion.

Bei shutterstock, der Bildagentur, die ich persönlich am häufigsten nutze, kosten Bilder je nach Abomodell etwa zehn Euro. Bei Fotolia ist es eher noch günstiger, bei manchen Agenturen können es auch mal ein paar Euro mehr sein. Aber für die Qualität des Angebots sind die Preise unschlagbar. Könnte ich selbst ein Foto in der selben Qualität aufnehmen? Natürlich kann ich einen Fotografen beauftragen, aber das kostet – und zwar noch mal mehr, sobald Models ins Spiel kommen.

Ein Vorteil von Agenturfotos ist auch, dass man sich vom Angebot Inspirationen holen kann. Wenn ein Motiv gefällt, lädt man sich zu erst eine Vorschaudatei herunter und testet aus, ob das Bild wirklich geeignet ist für das Cover, bevor man es kauft. Produziert man hingegen selbst Fotos, benötigt man bereits im Vorfeld sehr klare Vorstellungen von dem, was man aufnehmen will. Und selbst dann noch kann ein Shooting misslingen.

Auf der anderen Seite kann es natürlich auch Gründe geben, die dafürsprechen eigene Fotos aufzunehmen. Im Beispiel von „Unwiderstehlich leben" von Mara Stix ist es natürlich ein Glücksfall, die Autorin als Testimonial auf dem Cover zeigen zu können. Somit wird auch der Fokus auf die Autorin als Expertin gelegt. Wenn man, gerade bei einem Fachbuch, sich selbst als Autor in den Mittelpunkt rücken kann, hilft das natürlich für den eigenen Expertenstatus. Es gibt heute auch fast kein Kochbuch mehr, auf dem nicht der Koch auf dem Cover abgebildet ist, da Köche natürlich heutzutage als mediale Gesamtkunstwerke funktionieren.

Bei Belletristik sieht das anders aus. Hier gibt es nur sehr wenige Beispiele, bei denen ein Autor auf dem Cover zu sehen ist – etwa Wladimir Kaminer, bei seinen autobiographischen Kurzgeschichten.

Es kann natürlich Fälle geben, in denen sich eine Gestaltungsidee nicht mit Material einer Agentur umsetzen lässt. Dann muss man selbst aktiv werden oder einen Profi beauftragen. Dann ist es wichtig, unbedingt Platz an den Bildrändern lassen, um das Bild bei Bedarf beschneiden zu können, zu verschieben, vergrößern oder Platz für den Buchtitel zu haben.

Exklusivität?

Regelmäßig werde ich in meinen Seminaren zur Covergestaltung auch darauf angesprochen, wie das denn nun mit der Exklusivität sei bei den Fotos von Agenturen. Tatsächlich ist es so, dass die Rechte in der Regel nicht exklusiv sind, also praktisch jeder Covergestalter die selben Fotos nutzen kann (exklusive Bildrechte gibt es bei manchen Agenturen gegen Aufpreis). Aber ist das wirklich so schlimm?

Hier ein Beispiel, bei dem für zwei unterschiedliche Roman-Cover jeweils auf das selbe Foto zurückgegriffen wurde. Sie können sich die Cover beispielsweise bei Amazon ansehen:

Nancy Salchow - Doppelkinnbonus
www.amazon.de/Doppelkinnbonus-Gesamtausgabe-Nancy-Salchow-ebook/dp/B009DF0A30

Sophie Kinsella - Cocktails für drei
www.amazon.de/Cocktails-f%C3%BCr-drei-Sophie-Kinsella-ebook/dp/B00CN7VPUM/

Stimmt, ein bisschen blöd gelaufen ist das schon. Aber ist das ein Weltuntergang? Man sieht auch gut, dass es Möglichkeiten gibt, ein nicht exklusives Foto unverkennbar zu machen. Einmal ist der Bildausschnitt ganz anders gewählt. Wenn ich mir selbstgebastelte Buchcover ansehe, frage ich mich oft, ob den Autoren überhaupt bewusst ist, dass sie den Bildausschnitt eines Agenturfotos ändern können. Nicht selten macht es

Sinn etwas näher an ein Bildelement heranzugehen. In diesem Fall finde ich das in der Kinsella-Version besser gelöst. Was entdecken wir noch für einen Unterschied? Richtig, beim zweiten Cover wurde eine Sonnenblume hinzugefügt. Und dann wurden auch noch die Farben geändert.

Ein Agenturfoto ist nur eine Vorlage, auf der wir unsere Kreativität entfalten können.

Hier gleich drei Beispiele aus dem Thriller-Bereich, bei denen zwar nicht das selbe Foto verwendet wurde, aber dafür Bilder, die eigentlich fast identisch sind. Auch dieses Phänomen tritt gelegentlich bei Fotoagenturen auf. Aber auch hier sieht man, wie komplett unterschiedlich die Fotos eingesetzt werden können. Ob man nun nah herangeht, weit weg bleibt, ein Bild spiegelt, auf ein Auge zoomt oder ein Farbbild in schwarzweiß umfärbt – es gibt zahlreiche Möglichkeiten:

Laura Wulff - Leiden sollst du (dotbooks-Ausgabe)
http://www.dotbooks.de/e-book/208012/leiden-sollst-du

Stefanie Maucher - Fida
http://www.amazon.de/FIDA-Stefanie-Maucher-ebook/dp/B00D1BQK0O/

Kat Hönow - Psychopath
http://www.amazon.de/Psychopath-Erbe-Schuld-Kat-Hönow-ebook/dp/B00H7KVVH2/

Man kann auch etwas dafür tun, dass man ein Foto findet, das nicht jeder nutzt, in dem man sich bei der Suche Mühe gibt. Gebe ich bei der Suche auf der Bildagentur-Seite nur „Küchenmesser" ein und nehme eines der ersten drei Bilder, ist die Gefahr natürlich höher, dass andere das Bild ebenfalls nutzen, als wenn ich tiefer in den Archiven grabe. Allgemein ist bei der Bildersuche etwas mehr Kreativität gefragt: Der Suchbegriff „Thriller" liefert eher wenig Ergebnisse, Begriffe wie „düster", „Angst", „mysteriös" sind besser. Hat man ein interessantes Bild gefunden, werden auf der Unterseite ähnliche Bilder empfohlen, auch hier tauchen oft interessante Tipps auf, die uns weiter führen können bei der Suche.

Kostenlose Bilder?

Auch nach kostenlosen Bildern, die für Buchcover genutzt werden können, werde ich bei meinen Seminaren regelmäßig gefragt. Grundsätzlich ist das Internet erst mal kein rechtsfreier Raum und Bilder, die im Netz frei verfügbar sind, deshalb in der Regel trotzdem urheberrechtlich geschützt. Es gibt aber auch Ausnahmen. Einmal gibt es historische Bilder, deren Urheberrecht bereits verfallen ist. Solche Bilder findet man häufig bei Wikipedia bzw. bei der Unterseite für Medieninhalte Wikimedia Commons. Aber Vorsicht: Hier muss ganz eindeutig dabei stehen, dass das Foto public domain ist. Und dann muss diese Angabe des Einstellers auch noch stimmen.

Dann gibt es unterschiedliche CreativeCommons-Lizenzen, bei einigen davon dürfen Nutzer (beispielsweise bei Namensnennung des Fotografen) ein Bild nutzen. Auch hier muss man ganz genau auf die Lizenz achten. Ist die kommerzielle Nutzung hier wirklich mit inbegriffen? Solche Bilder finden wir ebenfalls häufig auf wikicommons.org und bei flickr.com (hier können wir gezielt nach Fotos mit dieser Lizenz suchen).

Ich persönliche bevorzuge Fotos aus Bilddatenbanken mit einer klaren Regelung der Lizenzen – habe aber für historische Projekte auch schon public domain-Fotos genutzt.

Selbstgezeichnete Bilder?

Auch auf das Thema „selbstgezeichnete Bilder" werde ich gelegentlich angesprochen. Bei meinem Zeichentalent werde ich sicherlich keines für ein Buchcover nutzen ;) Warum auch, es gibt bei den Agenturen genug Grafiken, in der Regel als Vektorgrafiken im eps-Format. Damit lässt sich auch ohne Qualitätsverlust an der Grafik nacharbeiten. Sehen wir uns einmal diese Grafik an, die ich bei Shutterstock lizensiert habe:

© shutterstock.com / isaxar

Eine schöne Grafik, die ich aber so nicht verwenden konnte. Die Farben sehen nach 50er-Jahren aus und der Hintergrund nach Italien. Nachdem ich an den Farben etwas herumgespielt habe, den Hintergrund entfernt habe, sieht das Ergebnis so aus:

Wenn wir selbstgezeichnete Bilder nutzen, müssen wir nicht nur gut zeichnen können. Ebenso wichtig ist es, die Bilder professionell in den Computer zu übertragen. Die größte Herausforderung für Selbstillustratoren scheint die Kolorierung zu sein. Wenn ich eine Zeichnung, die mit Bleistift/Filzstiften/Wasserfarben oder Ähnlichem entstanden ist, einscanne, dann muss ich natürlich später die Farben in einem Bildbearbeitungsprogramm wie Photoshop intensiver gestalten. Die Funktion „Helligkeit/Kontrast" werde ich sehr wahrscheinlich nutzen müssen. Mit Funktionen wie „Selektive Farbkorrektur" kann ich auch einzelne Farben bearbeiten. Auch möglich ist es eine Zeichnung erst am Computer zu kolorieren.

In jedem Fall ist aber noch etwas Nachbearbeitung nötig, damit die eigene Zeichnung auf dem Cover nicht unprofessionell aussieht.

FALLBEISPIEL: Zielgruppenanalyse und Fotobearbeitung

Der neue Ella-Wünsche-Roman „Das Geheimnis der Zitronen" erscheint Ende August 2015. Eine Frau Anfang 30 erbt ein altes Haus in Heidelberg, in dem es einen Wintergarten voller Zitronen gibt und ein Geheimnis, das Generationen zurückreicht. Mit dem Anwesen erbt Julie auch einen mysteriösen Mitbewohner, der sich in den letzten Jahren um das Grundstück gekümmert hat.

Die Geschichte passt gut zu dem Liebesroman-Untergenre, das durch Lucinda Riley einen neuen Aufschwung erlebt, in dem moderne Frauen alte Geheimnisse aufdecken. Diese Bücher haben seither, auch wenn sie von anderen Autorinnen geschrieben wurden, oft ähnliche Titel – und vor allem ähnliche Cover, die alle an den Erfolgstitel „Der Lavendelgarten" angelehnt sind.

Ich wollte einerseits keine simple Kopie dieses Themas abliefern, sondern eine eigen erkennbare Ella-Wünsche-Note einbringen. Andererseits muss für die Leserinnen natürlich das Genre sofort ersichtlich sein. Der Kompromiss scheint ganz gut gelungen zu sein, denn bereits mein erster Entwurf hat bei der Autorin und meinem Testpublikum Begeisterung ausgelöst – was wirklich nicht immer der Fall ist.

Allerdings war auf der ersten Version ein küssendes Paar abgebildet, das die Meinungen gespalten hat. Beide Personen schienen deutlich unter 30 zu sein, der Mann sah etwas milchbubihaft aus, die Frau legte beim Küssen eine Hand auf sein Kinn. Außerdem wirkte der Mann kleiner als die Frau. Das lag in Wirklichkeit daran, dass der Mann die Frau hochhielt. Allerdings war das auf dem Bildausschnitt, der nur die Köpfe zeigte, nicht zu erkennen.

So gab es einerseits Protest, der Mann wäre zu klein. Auch, dass die Frau den Mann im Gesicht berührte und nicht umgekehrt, wurde als störend empfunden. Und je nach Alter der Testpersonen, erschien der Mann zu jung.

Letzteres zeigt auch noch einmal, wie wichtig es ist, bei abgebildeten Personen auf Buchcovern auf das passende Alter zu achten. Grundsätzlich ist es sowieso der Fall, dass Leser bevorzugt über Hauptfiguren in ihrem eigenen Alter lesen oder leicht darunter. So ist der größte Unterschied zwischen manchem Fantasy-Roman für Jugendliche und einem Buch für Erwachsene weniger die Story, sondern lediglich das Alter der Protagonisten. Es ist also auch wichtig, dass Personen auf dem Cover die Botschaft vermitteln, an welche Altersgruppe sich die Erzählung richtet.

Bei Ella Wünsche ist die Altersgruppe vergleichsweise breit gefächert, wobei Jugendliche kaum als Leserinnen vertreten sind. Woher ich das weiß? Die Statistiken der Fans der Autorinnen-Seite bei Facebook. Deshalb ist es ganz klar, dass ein Ella-Wünsche-Cover auch bei Leserinnen über 35 Emotionen wecken muss. Also habe ich ein neues Bild gesucht, das schließlich bei Testpersonen aller Altersklassen gut ankam – und bei dem der Mann deutlich größer ist und aktiv die Frau berührt, bevor er sie küsst.

Auf den ersten Blick hat das Bild aber ein Problem, weswegen ich es beim Durchsehen der Bildagentur zunächst auch nicht weiter beachtet habe.

Die Haare sind oben abgeschnitten. Außerdem ist der Hintergrund zu klein. Das Bild, das ich zuerst verwendet habe, war zwar ebenfalls im Querformat, an der rechten Seite war neben dem Paar aber mehr freier Raum.

Was machen wir in so einem Fall? Ich bin noch einmal zur Bildagentur-Seite gegangen und habe nachgesehen, ob es weitere Bilder des Fotografen gibt. Und tatsächlich, das Foto stammt aus einer ganzen Bilderserie. Die anderen Fotos fangen die Stimmung zwar nicht so gut ein, aber dafür gab es Bilder, bei denen die Haare nicht abgeschnitten waren.

Zunächst habe ich mich aber mit dem Problem des Hintergrunds befasst. Das Originalfoto ist mehr als 8.000 Pixel breit – sehr viel größer, als ich es eigentlich benötige. Also habe einfach ein Stück des Hintergrunds aus dem Foto ausgeschnitten.

© shutterstock.com / sivilla

Nach dem Einfügen der Cover-Datei, hatte er gerade die richtige Breite. Ich habe ihn aber noch etwas gedreht. Als nächstes habe ich die Personen im Vordergrund freigestellt. Den gröbsten Teil dieser Arbeit habe ich mit dem Zauberstab-Werkzeug in Photoshop durchgeführt. Für die Feinarbeit habe ich die Kanten mit dem Radiergummi-Werkzeug nachgebessert.

Nun habe ich aus dem zweiten Bild, das ich lizensiert habe, die Haartolle ausgeschnitten.

… und als neue Ebene in meine Coverdatei kopiert.

© shutterstock.com / sivilla

Wie man sieht, hat das wunderbar funktioniert. Ich habe allerdings dennoch bei der neuen Ebene ein bisschen mit dem Radiergummi den Übergang weicher gemacht, damit auch wirklich nichts zu erkennen ist. Beide Ebenen habe ich dann zu einer zusammengefügt und „Helligkeit & Kontrast" angepasst sowie die Farben über die Funktion „Selektive Farbkorrektur". Vor allem die Kleidung der Models war eher cyanfarben, während die Blätter des Zitronenbaums auf dem Cover natürlich grün bleiben müssen. Damit sich diese Farben nicht beißen, habe ich die Kleidungsstücke etwas blasser und vor allem „grüner" gefärbt.

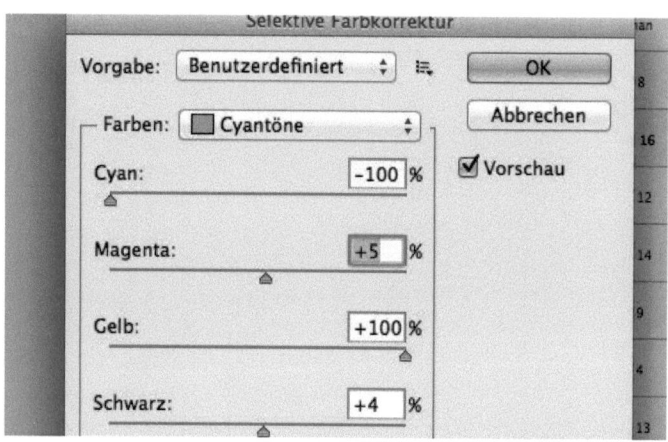

Und so sieht das Endergebnis aus:

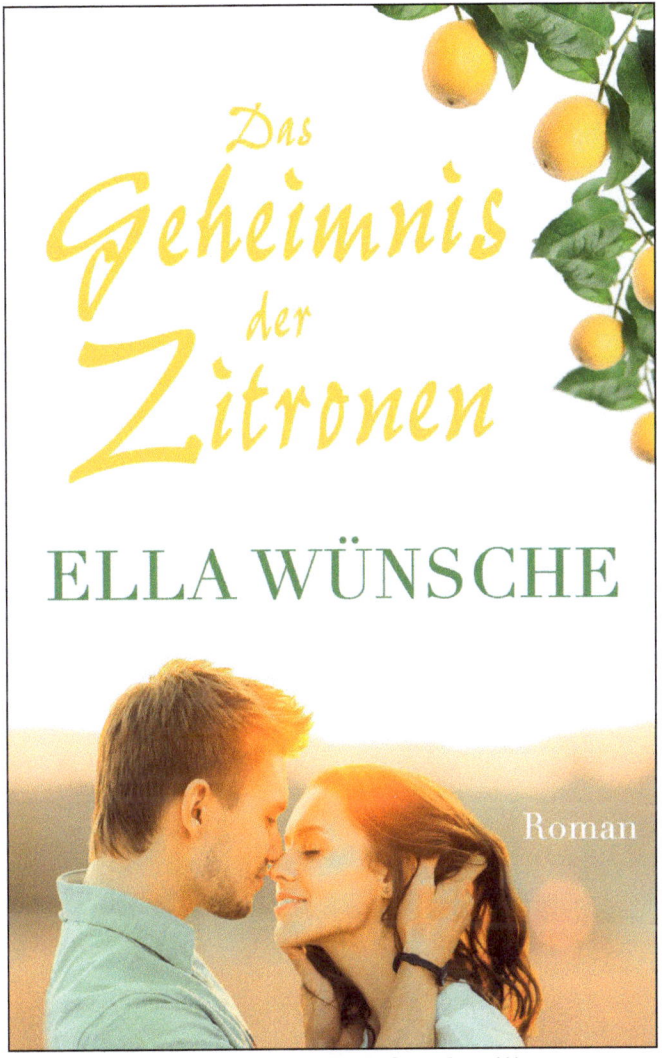

Zitronenfoto: shutterstock.com / Oxana Denezhkina

SCHRIFTEN

Die Wahl der richtigen Schriftart und die Positionierung sind essentiell für unser Buchcover. Wichtig ist, dass die Schriftarten zum Inhalt passen und gut lesbar sind. Als Faustregel gilt, dass man nur zwei Schriften auf einem Cover nutzen darf. Also würde man normalerweise für den Buchtitel eine andere nehmen, als für den Autorennamen und die Genrebezeichnung.

In Acht nehmen sollten wir uns vor zu verspielten und verschnörkelten Schriften, die nicht gut lesbar sind. Kreativität ist gut, und es ist schön, wenn die Schriftart sofort das Genre widerspiegelt – aber gute Lesbarkeit hat Vorrang.

BEISPIEL
Große Lettern und einen schmalen Schriftschnitt bietet beispielsweise „Impact". Das ist gut lesbar und passt nicht nur für Thriller – auch beim Cover für dieses Buch wurde die Schrift verwendet.

Wie groß darf die Schrift sein? Unser Titel sollte so groß wie möglich sein. Wie gesagt: Covervorschauen in Webshops sind klein. Auch müssen verschiedene Textelemente unterschiedliche Schriftgrößen haben, um für eine klare optische Abgrenzung und Orientierung zu sorgen. In der Regel ist ein Untertitel also deutlich kleiner als ein Titel. Vom Gedanken, dass ein langer Untertitel in einem kleinen Vorschaubild erkennbar sein kann, müssen wir uns verabschieden. Der Autorenname hingegen kann auch schon mal etwas größer platziert sein, vor allem, wenn der Autor bereits bekannt ist. Bei Autoren, die „Marken" sind, wie Follett oder Fitzek ist der Autorenname häufig über die ganze Breite und mittig am oberen Bildrand zu sehen.

TIPP: Ein Cover im Bildbearbeitungsprogramm immer so weit verkleinern, dass man sieht, wie es verkleinert bei Amazon wirken würde. Und testweise in schwarzweiß umwandeln, damit wir sehen, wie es auf einem Reader ohne Farbdarstellung aussehen würde. Die Kontraste zwischen Schrift und Hintergrund müssen groß genug sein, dass sie immer noch gut erkennbar sind.

Eine Schrift hat auch die Möglichkeit die Story und das Genre eines Buches perfekt zu illustrieren, quasi Teil der gesamten Gestaltungsidee zu werden. Ein Beispiel für ein Cover, bei dem die Schrift das zentrale Gestaltungselement ist, ist der Bestseller „Black Out" von Marc Elsberg, bei dem das „O" als Ausschaltknopf gestaltet wurde.

Grundsätzlich kann man sagen, dass Programme wie Photoshop viele unterschiedliche und auch sehr plastische Effekte ermöglichen. Doch auch hier gilt: Weniger ist oft mehr – und wir leben nicht mehr in den Neunzigern.

BEISPIEL

Mehr Möglichkeiten als simple Schatten: Plastische Schrifteffekte mit Photoshop.

Diesen Buchtitel habe ich mit der Photoshop-Vorlage „Ice-Cap" erstellt, die lizenzfrei zu nutzen ist. Es ist nur ein erster Entwurf, aber würden wir noch ein paar dezente Blutspritzer hinzufügen, würde sich das ganz sicher gut machen und ein perfektes Cover für einen Winter-Thriller liefern. Die Vorlage-Datei habe ich unter *www.pixeden.com/photoshop-text-effects* heruntergeladen, wo noch weitere Schrifteffekte zur Verfügung stehen.

SCHRIFTEN SUCHEN

Schriften findet man beispielsweise unter dafont.com und myfont.com. Manche davon sind kostenlose Freeware, andere muss man für den kommerziellen Gebrauch lizensieren. Die Lizenzgebühren für Schriften bewegen sich meist um die 30 Euro. Hat man die Lizenz einmal kann man die Schrift immer wieder einsetzen – beispielsweise als Erkennungsmerkmal, dass man auf jedem Cover einsetzt.

Wichtig: Steht bei den Schriften, die wir im Internet frei herunterladen können, lediglich „free for personal use", müssen wir auf jeden Fall daran denken, die Schrift zu lizensieren, bevor wir sie einsetzen. Auch für die unbefugte kommerzielle Nutzung von Schriften könnten wir abgemahnt werden.

BEISPIEL: „Goldener Schnitt" und Helligkeit

Kennen Sie die Regel vom „Goldenen Schnitt"? Sie ist ein wichtiger Orientierungspunkt für die Platzierung von Bildelementen in der Fotografie ebenso wie beim Grafikdesign. Uns kann sie auch eine große Hilfe sein, auch wenn ich persönlich eine vereinfachte und abgewandelte Form anwende, die auf die Bedürfnisse des Coverdesigns abgestimmt ist.

Der eigentliche Goldenen Schnitt wird mit einer mathematischen Formel berechnet. Damit kann man ein Bild in mehrere Abschnitte unterteilen und Bildlinien festlegen, an denen der Blick des Betrachters von Natur aus hängen bleibt. Aber keine Angst, so weit gehen wir nicht.

Letztendlich ist die Regel ein Werkzeug, um einen harmonischen Bildaufbau zu gewährleisten. Etwas vereinfacht gesagt, wird ein Bild in zwei Hälften unterteilt, von denen eine etwas mehr als ein Drittel der Fläche ausmacht, die andere knapp zwei Drittel.

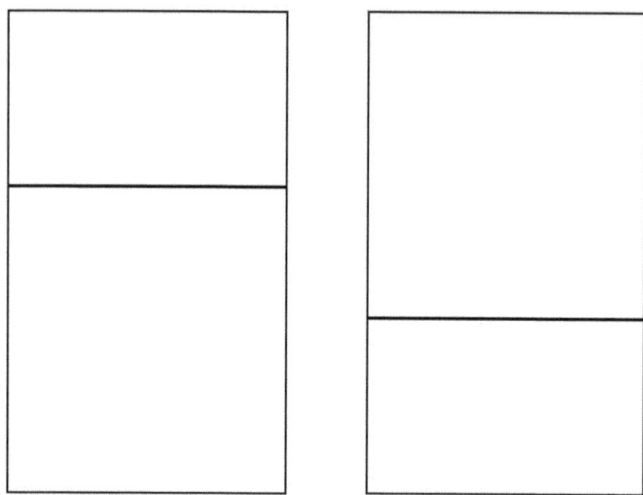

Einfacher „Goldener Schnitt". Ein Motiv wird in zwei ungleiche Hälften geteilt. Wichtige Bildelemente werden auf der entstandenen Linie platziert – etwa der Horizont bei einer Landschaftsaufnahme. Somit wirkt ein Bild für das menschliche Auge harmonischer.

Wir könnten das Thema hier noch weiterführen, es gibt noch mehr Linien, die wir einfügen könnten – ich will es aber nicht zu kompliziert machen. An Buchcover haben wir auch andere Anforderungen als an Fotos. In den meisten Fällen werden wir beispielsweise oben und unten Text platzieren müssen. Wie gehe ich also vor? Komme ich bei der Platzierung von Schrift- oder Bildelementen nicht weiter, unterteile ich das Cover in drei gleichgroße Kästen.

Ich habe schon einmal erwähnt, dass es wichtig ist, den Blick des Betrachters zu lenken. Auch mit meiner vereinfachten Drittel-Lösung können wir dies bewerkstelligen. Eine weitere Möglichkeit hierfür ist auch die Arbeit mit hellen und dunklen Bildelementen: Der Blick wandert immer zu erst auf die hellen Bildelemente. So sollte ein Hintergrund in den meisten Fällen also dunkler sein, als das Gesicht der nachdenklich in die Ferne blickenden Heldin auf dem Cover.

Der „Goldene Schnitt" bedeutet auch, dass wir darauf achten müssen, dass kein Bildelement auf den Blicklinien liegt, das die Aufmerksamkeit des Betrachters ablenken könnte. Hier ein kleines Beispiel dafür. Ausgerechnet auf der oberen Linie sind die sonderbaren Brustwarzen, die unseren Blick ablenken. Die einfache Lösung ist diese durch Retusche zu entfernen, was ich später auch gemacht habe:

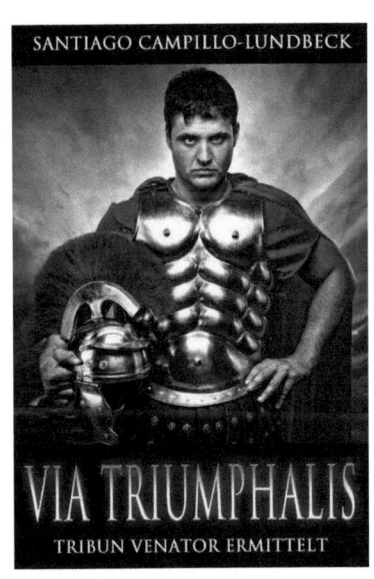

Coverfoto: shutterstock.com / Nejron Photo

BEISPIEL

Schauen wir uns meinen abgewandelten „Goldenen Schnitt" und die Helligkeit noch an einem anderen Beispiel an. Den ersten Cover-Entwurf für den „Kuss der Rose" haben wir schon gesehen, nun werfen wir einen Blick auf die Entstehungsgeschichte.

Zunächst das Bild, wie es von der Bildagentur kommt. Das Model ist ziemlich klein im Bildausschnitt und damit weit entfernt vom Betrachter. Der Hintergrund ist hell und ziemlich diffus, wo sollen wir nur zu erst hinsehen?

© shutterstock.com / Bojan Dzodan

Also habe ich nach einem neuen Hintergrund gesucht. Diese Datei stammt ebenfalls von shutterstock:

© shutterstock.com / Kompaniets Taras

Der Hintergrund könnte für unterschiedliche Fälle eingesetzt werden. Ich könnte mir auch vorstellen, dass wir ihn über ein Krimicover legen könnten. Aber auch hier wird er gute Dienste verrichten.

In Photoshop habe ich den Hintergrund über das erste Bild gelegt (bei dem ich mittlerweile deutlich an das Model herangezoomt habe). Die Deckkraft der neuen Ebene habe ich auf 50 Prozent reduziert – dadurch gewinnt die Gesamtkomposition an romantischem Flair und wir können erkennen, wo sich das Model versteckt. Dann wird die Stelle, an der sich der Kopf der

Frau befindet, mit dem Radiergummi ausgeschnitten und schon steht sie im Mittelpunkt.

Außerdem kann der Buchtitel nun bequem über der orangefarbenen Fläche platziert werden. Bei dem diffusen Hintergrund wäre es für die Erkennbarkeit des Titels schwierig geworden.

So sähe mein „Goldener Schnitt" an diesem Cover-Beispiel aus:

Die Augen liegen knapp oberhalb des oberen Strichs. Noch besser wäre es, wenn sie genau darauf liegen würden – wir sehen also auch, dass wir uns nicht immer sklavisch an die Regel halten müssen. Am Ende müssen wir auch immer etwas nach Gefühl arbeiten. Aber auf jeden Fall bietet die Regel einen guten Orientierungspunkt.

Der Titel sollte in diesem Beispiel auf jeden Fall auf dem unteren Strich liegen.

Wiedererkennungswert: Das eigene CI entwickeln

Selbst, wenn wir keine Reihentitel schreiben, wir wollen doch, dass Leser unsere Bücher sofort erkennen. Auch Autoren können ihre eigene Corporate Identity (CI) entwickeln, schließlich sind wir auch „Marken", die für eine bestimmte Art von Unterhaltung stehen. Und es wäre schade, wenn unsere eigenen Fans unser neues Buch unter all den Neuerscheinungen übersehen.

Natürlich soll nicht jedes Cover eines Autors gleich aussehen, aber es empfiehlt sich ähnliche Design-Elemente wieder zu verwenden. Beispielsweise die Schriftarten, die Anordnung der Bildelemente, den Stil der Fotos bzw. Zeichnungen oder die Farben. Das macht die Gestaltung eines neuen Covers außerdem leichter, wenn man bereits ein paar Parameter hat, an denen man sich orientieren kann. Man sehe sich beispielsweise die Cover von Tommy Jaud an. Hier hat der Grafiker mit dem knalligen bunten Hintergrund, dem lustigen freigestellten Foto und der großen Schrift im unteren Drittel gleich eine komplette Vorlage geschaffen, die seither für alle humoristischen Romane aus männlicher Sicht benutzt wird.

Ein Beispiel für gelungenes Autoren-CI (und überhaupt gelungene Cover) bietet das Autorenpaar B.C. Schiller, dessen Cover alle sehr gut zusammenpassen und wiedererkennbar sind. Darüberhinaus nutzen sie für unterschiedliche Reihen bzw. Untergenres unterschiedliche Designs: *www.bcschiller.com/category/allgemein/ebooks/*

BEISPIEL

Hier noch einmal die ersten beiden Ella-Wünsche-Cover. Auffällig ist die individuelle Schrift im Titel und die Anordnung der Worte in verschiedenen Schriftgrößen. Auch für den Namen der Autorin wurde die selbe Schrift verwendet – wenn auch beim zweiten Cover mit größerem Schriftgrad, da sie mittlerweile bekannter war.

Serientitel und Reihen

Geben wir eine eBook-Serie heraus – also eine Fortsetzungsgeschichte im Stil von TV-Serien, keine Reihe – so ist ein bewährtes Modell, die einzelnen Episoden durch unterschiedliche Farben abzugrenzen. Am eigentlichen Design braucht man nichts zu ändern, beziehungsweise man sollte es auch gar nicht, damit die Leser sofort den Zusammenhang erkennen. Bei diesem Beispiel, der eBook-Serie „Via Triumphalis" von Santiago Campillo-Lundbeck, habe ich einfach den Hintergrund hinter der Hauptfigur eingefärbt und zusätzlich auch die Farbe des Titels angepasst. Bei weiteren Episoden der Serie ist es dann möglich mit anderen Farben zu arbeiten.

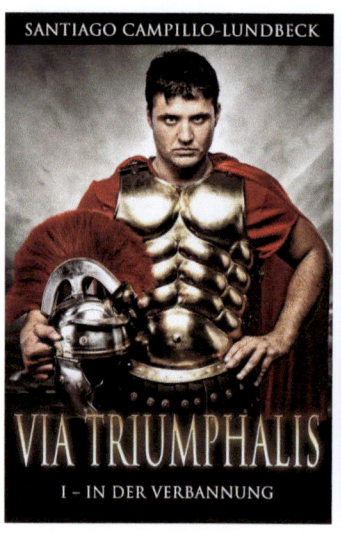
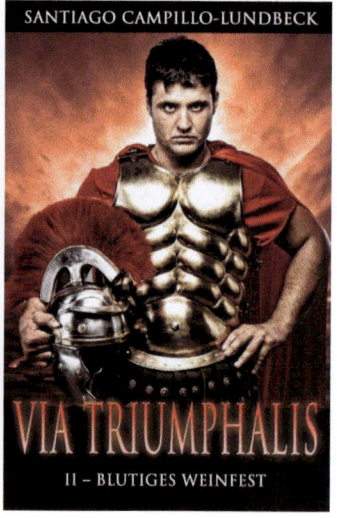

Wenn wir eine Buchreihe herausgeben – also in sich abgeschlossene Romane, die aber aufeinander aufbauen – können wir eventuell genauso vorgehen. Ein Beispiel wären die Fantasy-Reihen „BookLessSaga" und „MondLichtSaga" von Marah Woolf. Hier sind bei den einzelnen Bänden auch lediglich die Farben verändert und die Untertitel ausgetauscht.

Es würde aber auch nichts schaden, wenn nur das Grunddesign gleich bleibt und beispielsweise ein Foto ausgetauscht wird. Also am Beispiel des Via-Triumphalis-Covers hieße das, dass bei einer Reihe, bei Band 2 lieber ein neues Foto ausgewählt werden sollte. Dieses sollte vom Stil her aber immer noch zum ersten Bild passen.

DIE TECHNISCHE UMSETZUNG – WELCHES PROGRAMM BENÖTIGE ICH?

Das populärste Bildbearbeitungsprogramm ist Photoshop von Adobe. Obwohl das Programm eigentlich nur zur Bearbeitung von Fotos gedacht war und wir früher zu Layoutprogrammen gegriffen hätten, um ein Cover zu gestalten (zum Beispiel InDesign), hat Photoshop mittlerweile so viele unterschiedliche Funktionen, dass es das wichtigste Programm zur Covererstellung geworden ist. Mittlerweile ist Adobe auf ein Abomodell umgestiegen, so dass wir Photoshop heutzutage nicht mehr als teure Einmalanschaffung erwerben müssen, sondern das Programm abonnieren können. Momentan liegt der Preis dafür bei knapp 24 Euro pro Monat.

Eine Alternative zu Photoshop ist das kostenlose Programm GIMP, das anders aufgebaut ist, aber ähnliche Funktionen bereithält. Ich persönlich arbeite seit den Neunzigern mit Photoshop, bin mit dem Programm zufrieden und habe mich bisher nicht allzu sehr in GIMP eingearbeitet. Wer kein Geld investieren möchte, kann aber sicherlich versuchen sich erst einmal in dieses Programm einzuarbeiten mit diesem Programm zurecht zu finden.

Technische Details

Bevor wir unsere erste Coverdatei anlegen, müssen wir uns über ein paar technische Grundlagen bewusst werden. Zunächst ist es so, dass wir für ein eBook-Cover die gängige Bildschirmauflösung von 72 dpi benötigen, für ein druckbares Cover 300 dpi – also sollten wir hiermit arbeiten und 300 dpi im Bildbearbeitungsprogramm einstellen.

Ein Cover in Amazons kdp muss mindestens 1000 Pixel breit sein, übliche Buchformate haben ein Seitenverhältnis von 1,5 im deutschen Taschenbuchformat (12 x 19 cm) oder 1,62, was in etwa dem 5x8-Zoll-Format von CreateSpace entspricht.

Wir orientieren uns also an unserem Endformat der Druckausgabe: Wenn wir das Taschenbuch über einen deutschen Anbieter im Taschenbuchformat herstellen, also 12 x 19 cm. Bei 300 dpi ergibt das eine Breite von 1417 und eine Länge von 2244 Pixeln – das Format ist also problemlos groß genug, um es auch als eBook-Cover für kindle zu verwenden.

Beim 5x8-Zoll-Format wären es 12,7 x 20,32 cm – und hätte somit bei 300dpi eine Breite von 1500 und Höhe von 2400 Pixeln.

Eigentlich gäbe es noch zu beachten, dass Bildschirme Fotos im RGB-Farbraum darstellen und beim Druck der CMYK-Farbraum genutzt werden. Standardmäßig können wir heutzutage aber im RGB-Farbraum arbeiten, den man für die eBook-Coverdatei benötigt – auch Internetdruckereien wie CreateSpace drucken mittlerweile Printbücher nach RGB-Daten.

WER KANN MIR HELFEN? – DEN RICHTIGEN GRAFIKER FINDEN

Nun stehen wir also vor alles entscheidenden Frage: Selber machen oder einen Profi beauftragen? Wie auch immer wir uns entscheiden, mit dem Wissen aus den vorangegangen Kapiteln steht einem Cover, das die Herzen unserer Zielgruppen anspricht nichts mehr im Weg. Und nicht vergessen: Sagen Sie dem Grafiker, worauf es ihnen ankommt.

Die Frage, wie wir einen passenden Grafiker eigentlich finden, wird mir immer wieder gestellt. Natürlich gibt es in jeder Stadt zahlreiche Gestalter, aber tatsächlich sollte der Stil und die Chemie stimmen.

Eine recht moderne Variante auf der Suche nach Designern ist die Platform 99designs.de. Hier könnten wir einen Wettbewerb für das beste Cover ausschreiben, einen Geldpreis ausloben und uns von den zahlreichen Designvorschlägen überraschen lassen. In einer Endauswahl könnten wir die Grafiker bitten, die Entwürfe weiter zu verbessern. Ich persönlich bin kein großer Fan dieser Vorgehensweise. Mir erscheint es logischer in den direkten Kontakt mit einem Grafiker zu gehen, bei dem ich von Anfang an der Meinung bin, dass die Zusammenarbeit gut funktionieren kann.

Ein professioneller Grafiker wird mindestens 200 Euro, eher 300, für ein Design und mehr nehmen. Man findet Grafiker oft im Freundeskreis oder in Autorenforen, sollte sich aber vorher sehr genau deren bisherige

Arbeit auf der Webseite ansehen und prüfen, ob der Stil zusammenpasst. Jeder Grafiker hat eine Webseite, auf der man Arbeitsproben sehen kann. Das ist natürlich das beste Aushängeschild für einen Designer: Seine bisherige Arbeit. Hier können wir uns schnell einen Eindruck verschaffen, ob uns als Autoren der Stil der Cover gefällt.

Bevor wir loslegen, sollten wir uns noch ein bisschen per Mail oder Telefon austauschen, bis wir uns sicher sind, dass wir wirklich auf einer Wellenlänge liegen.

Eine andere Möglichkeit Designer zu finden, ist es, bei Büchern, deren Cover gefällt, ins Impressum zu sehen. Was allerdings ein No-Go ist: Zum einem Designer gehen und sagen: »Du hast das Cover für Autor XY so schön gestaltet, kannst du mir ein Cover gestalten, das genauso aussieht.« Wenn der Stil eines anderen Autoren zu sehr kopiert wird, ist spätestens der Autor XY erzürnt. Es macht ja auch mehr Sinn, wenn jeder Autor seinen eigenen Wiedererkennungswert generiert.

Da ich in diesem Buch keine allzeit gültige Liste von Coverdesignern einfügen kann, die regelmäßig für Selfpublisher arbeiten, habe ich auf meine Webseite eine Liste angelegt: *www.danielmorawek.de/coverdesigner*

Wer diese Liste ergänzt haben will, weil er selbst Grafiker ist oder jemanden kennt, der Grafiker ist, darf dessen Name und Webadresse gerne in das Kommentarfeld auf der Seite schreiben.

Wie auch immer wir vorgehen, in jedem Fall müssen wir dem Grafiker möglichst genau sagen, was wir wollen. Denn, wie eingangs bereits erwähnt: Ein professionell aussehendes Cover allein ist noch lange kein Grund ein Buch auch zu kaufen.

ÜBER DEN AUTOR

Mein Name ist Daniel und ich wurde in einem eiskalten Winter Anfang der Achtziger Jahre in Mannheim geboren, wo ich mittlerweile wieder lebe. Dazwischen habe ich einige Jahre bei einer Filmproduktionsfirma in Norddeutschland gearbeitet. Ich drehe ab und zu Filme und veröffentliche Bücher im Selbstverlag und manchmal auch über Verlage.

Das Leben ist scheiße, aber schön.

Darf man über ernste Themen auch humorvoll schreiben? Klar darf man das – das Leben ist vielleicht manchmal scheiße, aber immer schön. Deshalb versuche ich die Herausforderungen des Lebens in Literatur umzusetzen, die die Leserinnen und Leser mitreißt. Die echte Menschen abbildet und ernsthafte Stoffe angeht. Zum Beispiel in meinem Rollstuhlfahrer-Roman »Paul sucht eine Frau«.

Ich bin außerdem ein Fan von psychologischen und atmosphärischen Thrillern, in denen es nicht nur darum geht, brutale Tötungsszenen zu zeigen. Spannungsliteratur schreibe ich auch, allerdings unter dem Pseudonym »Mike Wächter«.

Selbst ist der Autor.

Meine erste unabhängige Schülerzeitung habe ich in der zweiten Klasse herausgegeben. Klar, dass ich die neuen Selfpublisher-Möglichkeiten des eBook-Zeitalters sofort ausprobieren musste. Seit Dezember 2011 veröffentliche ich die meisten meiner Werke selbst. Natürlich mit Hilfe von Lektoren, Testlesern und meiner Schreibgruppe. Für Anpacker und Do-It-Yourself-Verfechter wie mich, ist der Weg als Indie-Autor eine bunte Spielweise, die Unabhängigkeit, Spaß und sehr viel Arbeit verheißt. Um meine Erfahrungen in diesem Bereich weiterzugeben, schreibe ich gelegentlich Artikel dazu in meinem Blog und ich habe das Sachbuch »Bücher mit Amazons CreateSpace veröffentlichen« herausgegeben.

www.danielmorawek.de